Georg Gumpp

So viele Jahre

Bibliographische Informationen der Deutschen Nationalbibliothek:
Die Deutsche Nationalbibliothek verzeichnet diese Publikation in der Deutschen Nationalbibliographie; detaillierte bibliographische Daten sind im Internet unter http://dnb.dnb.de abrufbar.

© 2015 Georg Gumpp
Herstellung und Verlag
BoD – Books on Demand, Norderstedt

ISBN 978-3-7392-0721-6

So viele Jahre

Lauf des Lebens

Ende der Jugend..9
Für Sandra..10
Mein Kind (Michael)..11
Millennium 2000..12
Der Lauf des Lebens...13

Weggefährten

Morgenrot...14
Hab Dank..15
Augenblicke..16
Gedanken...17
Am Abend des Jahres.......................................18
Frühlingserwachen..19
Sehnsucht...20
Verlangen..21
Verlangen II...22
Ein Wiedersehen...23

Gefühle

Archetypen..24
Geborgenheit...25
Zärtlichkeit...26
Heimat..27
Über das Dichten...28

Schmerz der Liebe

Ich liebe Dich..29
Enttäuschung..30
Abschied..31
Schwarzes Gold..32
Begegnung..33
Verlorene Liebe..34

Dunkle Zeiten

Bittere Kindheit..35
Einsamkeit..36
Angst 37
Trauer..38
Selbstmord..39
Pochendes Herz..40

Zuversicht

Trost..41
Zuversicht...42

Neuzeit

New Economy...43
Moderne Zeiten..44

Natur

Im Wald..45
Jahreszeiten...46

Literarische Brosamen

Lied an Hermann Hesse...................................47
Der Steppenwolf..48
Das Herz aller Dinge (in memoriam
   Graham Greene).......................49
Für Franz Kafka 50

Moderne

Es ging wieder los..51
-Ohne Titel -..52
Verwandlung...53
Auferstehung..54

Am Ende

Nachtgedanken..55
Gebet..56

Lauf des Lebens

Ende der Jugend

Es reift die Zeit, den letzten Blick zu wagen,
Vergangene Jugend, sie wird nun nicht mehr sein.
Ein Junge orientiert sich auf verschlungenen Pfaden
Und setzt behutsam seinen Fuß von Stein zu Stein.

Voll Neugier, Mut und praller Lebensgeister
Lässt er sich treiben Stück für Stück.
Gleich mir wird er bald immer dreister
Und findet keinen Blick zurück.

So gehen auch für ihn die Jahre,
Bis zu dem Tor, wo ich jetzt steh'.
Der Jugend Wind streicht letztmals durch die Haare
Und sagt: Verweile kurz, bedenk und – geh.

Für Sandra

Ich sehe, welch glückliches Kind mir beschieden
Und habe vor Freude keine Träne vermieden.
Die Wärme Deines Wesens hat meine Seele geheilt.
Doch manchmal in ernsten, ganz ruhigen Momenten,
Wenn Worte nur von Gedanken ablenken,
Seh' ich auch Deine Nachdenklichkeit.

Du siehst mich dann an mit fragenden Augen,
Als Dein Vater wollt ich Dir immer gut taugen.
Doch sogleich werden mir meine Fehler gewahr.
Dir schein ich allwissend, Du suchst meinen Rat,
Ich steh Dir zur Seite mit Wort und mit Tat,
Als Schutzwall gegen all der Welten Gefahr.

Dich nie zu enttäuschen, Du mein liebes Kind,
Komm in meine Arme, komm ganz geschwind
Und übertrage mir all Deine Sorgen.
Wie oft bin ich Dir wohl nicht gerecht,
Meine Taten gelingen mir leider oft schlecht,
Doch auf die Nacht folgt immer ein Morgen.

Mein Kind (Michael)

Welch' Glück es ist, Dich festzuhalten
In meinen Armen Dir als Schoß,
Wo jeder Mensch lässt Milde walten
In seiner Freude reich und groß.

Als Lächeln frisch von Deinem Munde,
Vom Fläschchen noch ganz milchverschmiert,
Erstrahlt aus Deiner Seele Kunde,
Welch' Gnade mir von Gott gewährt.

Dich als mein Kind begleiten dürfen,
Auf Deiner Reise durch die Welt.
Wenngleich auch nur ein Stück des Weges,
Ist's doch die Zeit die ewig zählt.

Millennium 2000

Es geht voran und mit mir das Glück,
Voll Freude seh' ich nach oben.
Am Himmel ziehen langsam die Wolken
Und kurz noch ein Blick zurück.

Dort seh' ich nochmals mein Leiden,
Manches verschwimmt mir im Sinn.
Mach Vergessen ist letztlich Gewinn,
Doch blasses Erinnern mag bleiben.

Das Schöne bewahren, die Trauer vergessen,
Verdrängt – egal – gleichsam nie besessen,
So schreit ich voran – bin dazu bereit,
Mich hinzugeben der neuen Zeit,
Mag manches zu Bess'rem genesen.

Der Lauf des Lebens

Der Morgen erweckt mit kühler Luft
Die Welt aus nächtlichen Mythen.
Ganz zart vernimmt man bereits den Duft
Manch taubehangener Blüten.

Und Sonnenstrahlen erwärmen den Tag,
An allen Enden blüht Leben.
Wer weiß was alles noch kommen mag,
Lasst uns getrost weiterstreben.

Doch besinnen wir uns, es reift die Zeit
Bis zum jüngsten Tag hier auf Erden.
Und sind unsre Seelen dem Herrgott geweiht,
Dann gebiert der Tod neues Leben.

__Weggefährten__

Morgenrot

Bei Morgenrot erschienst Du mir
Und auf den Blumen lag noch Tau.
Nur Einsamkeit liegt hinter Dir,
Und der Wind streicht durch Dein Haar so rau.

Hab Dank

Ich sah Dich kaum, bald musst Du gehen,
Dein Lächeln bleibt mir wohl gewahr.
Noch lange werde ich Dich sehen
In Gedanken – hell und klar.

Sanftmut strahlt aus Deinen Augen,
So weich und ehrlich in die Welt.
Deinen Worten durft' man glauben,
So liebenswürdig wohl gewählt.

So hast Du oft mir Trost gespendet
Und warst Dir dessen nicht bewusst.
Hab' mein Vertrauen Dir verpfändet,
Von Deinem Beistand wohl gewusst.

Auf uns'rem Weg – von Gott gegeben,
Die Trennung bereits vorbestimmt,
Wirst Du in mir doch weiterleben,
Vergiss auch Du mich bitte nicht.

Augenblicke

Augenblicke –
Es lag im Spiel Deiner Lippen,
Dein Lächeln – unschuldig und frei.
Kleine Zähne, so weiß zu erblicken
Wie die ersten Strahlen im Mai.

Augenblicke –
So sah ich das Spiel Deiner Nase
Wie ein Schmetterling vor Freude zum Tanz.
Ich sah Dich – nur kurz war die Phase,
Und doch wollt' ich Dich da schon ganz.

Augenblicke –
Es lag wohl an Deinem Wesen,
Das nett war, bescheiden und gut.
Wär gerne bei Dir noch gewesen,
Mein Gedanke bei Dir weiter ruht.

Gedanken

Gedankenvoll in jener Nacht,
Gefühle streicheln Dich ganz sacht,
Ich trag Dein Bild vor meinen Augen.
Mein Herz erfüllt voll schweren Mutes,
Wünschte ich Dir stets nur Gutes,
Wollt' Dich Deiner Freiheit nicht berauben.

Am Abend des Jahres

Herbstlich schon die Blätter welken,
Vorbei manch' warme Sommernacht.
Vergeblich nach Vergang'nem recken
Wir uns – als wir noch gelacht.

Stürme bilden kalte Mauern
Und Bedürfnis nach Geborgenheit
Wird in Zeiten tiefer Trauer
Schlimmer durch die Einsamkeit.

Was bleibt ist nur der schwere Wein
An dem ich mich nun gern betrinke
und Sehnsucht nach Glückselig sein,
an die ich jetzt allein noch denke.

Frühlingserwachen

Wie schön es ist, Dich zu erblicken,
Voll Anmut ist Deine Gestalt.
Erfüllt von süßestem Entzücken
Es brennend tief in mir aufwallt.

Ein Lächeln zart von Deinem Munde
Trifft mich doch mit starker Macht
Und kühlt die schmerzend Seelenwunde,
So dass mein Herz bald wieder lacht.

So lass den Augenblick ich reifen
Und träum gern weiter manchen Tag.
Würd nach Dir voll Glück gern greifen,
Wer weiß, was jetzt noch kommen mag.

Sehnsucht

Wieder sitz ich stumm am Tische,
Denk an die erst vergang'ne Zeit.
Ins Herz zieht ein die neue Frische,
Bald schon bin ich für Dich bereit.

Nächte kommen, Tage gehen,
Ein Hauch von der Unendlichkeit.
Ich würd' Dich heut' schon gerne sehen,
Doch leider ist's noch nicht soweit.

Mag auch die Hand ganz zärtlich sein,
Sie muss doch in die Leere greifen.
Wie gerne würd' ich bei Dir sein,
An Dir die Seele reifen.

Verlangen

Fern der Heimat – kalte Nacht
Habe ich an Dich gedacht,
heiße Glut in meinem Herzen
fühl' ich nur noch tiefe Schmerzen.

Mein Leben voll Zerrissenheit
Such Trost ich in der Einsamkeit,
Und ich kann es gar nicht fassen,
Kann selbst dort nicht von Dir lassen.

Verlangen II

Kerzenlicht, wie es schimmert im Weine,
Dein Antlitz im Sinn, Du, die ich meine.
So denk ich alleine so für mich hin,
Und frage mich oft, wer ich eigentlich bin,
Dass ich muss darunter so leiden.

Der Wahrheit wohl nicht kann entrücken,
so erfüllt sich ein Traum mit Entzücken,
in dem ich entschwinde von dannen,
zu Dir, Du mein großes Verlangen,
dann kann nichts mehr mich bedrücken.

Ein Wiedersehen

Schon lange gekannt und lang nicht geseh'n,
Gedanken schienen schon zu verweh'n,
Doch wohin wir auch ehern streben,
Das Ziel gibt uns das Leben.

Dein Antlitz beschenkte mich reich,
Du bist einem Engel gleich.
In hellem Lichte getaucht
Hast Kraft meiner Seele geraubt.

Deine Stimme ist rein – wie ein Gebirgsbach so klar,
All Deine Worte so zärtlich und wahr,
Sie geben mir Wärme und hüllen mich ein,
fühle bei Dir mich fast schon daheim.

Du ruhst in Dir selbst, bist beileibe nicht grell,
Eher zart, Dein Wesen pastell.
Doch Dein Blick begrenzt meine Kraft ,
Wie ein Quell unendlicher Macht.

Gefühle

Archetypen

Er ist Dir ein Mentor, von Großmut beseelt,
Seine Großzügigkeit er niemals verhehlt.
In Verantwortung er Dir Dein Leben gern lenkt:
Der König - Voller Güte er Dich reich beschenkt.

Entschlossen und ernsthaft mit Selbstdisziplin
Übernimmt er Verpflichtung, gibt begeisternd sich hin.
Wie ein Fels in der Brandung ist er für Dich da:
Der wütende Krieger – er ist Dir so nah.

Rastlose Jagd, und dem Wissen vertraut.
Er liebt das Chaos, weil er es durchschaut.
Zeigt auf neue Wege, seine Weisheit erhellt:
Der Magier zeigt dir das Wesen der Welt.

Er kennt Deine Freude, er kennt Deinen Schmerz,
Berührt Deine Seele, schließt dich ein in sein Herz.
Dir zärtlich ergeben, vertraut viel zu leicht:
Doch in den liebenden Mann auch Trauer sich schleicht.

Geborgenheit

Komm lass in meine Arme dich fallen,
Wenn die Welt ihre Kälte Dir zeigt.
Spüre sanfte Gefühle in Dir aufwallen,
Dein Herz nun an meines sich reiht.

Meine Hand wird Schutz Dir jetzt bieten,
All die Gefahren sie sind nun gebannt
Vor Menschen, die Dich nur verrieten,
Die Deine Schmerzen nie haben erkannt.

Und wurd' Deine Seele auch noch so verletzt:
Lächle und atme und schlafe ruhig ein.
Vertrau mir, Du wirst niemals mehr gehetzt,
Ein Schutzschild werd' ich Dir stets sein.

Zärtlichkeit

Es sind die Momente, alleine mit dir,
Erwartung im Herzen, ein Pochen in mir.
Schon berühren meine Finger ganz zart Deine Haut.
So warm anzufühlen, hätt mich fast nicht getraut.

Du wendest mir zu Deinen lieblichen Blick,
Das Feuer in mir macht mich beinah' verrückt.
Unsere Augen treffen sich einen kurzen Moment.
Dir so zugetan, meine Seele sie brennt.

Meine Lippen berühren ganz sanft Deine Wangen,
Möchte auch von Dir manche Küsse empfangen.
Ich drück Dich an mich, Dein Duft mich umspielt,
Hoff' dass mein Herz dich nie mehr verliert.

Heimat

Wo ist die Heimat – ein jeder sie kennt.
Die einen verankert, die andern getrennt.
Wer Wurzeln geschlagen, bald Fernweh verspürt,
Der in der Fremde von Heimweh berührt.

Wo ist die Heimat – ist es ein Ort?
Oder ist es das Herz, ein geschriebenes Wort?
Ist es die Seele, die baumelt im Wind?
Oder ist es die Nähe zum eigenen Kind?

Wo ist die Heimat – wo ist Dein Zuhaus'?
Verschließt du Dich gerne, oder musst du hinaus,
Schwelgst Du in Träumen bei Büchern und Liedern,
Oder spürst du beim Wandern so wohl Deine Glieder?

Wo ist die Heimat ? – behüte sie gut.
Für neue Gefilde fehlt oftmals der Mut.
All Neues im Leben, es kommt und es geht,
Doch behältst Du im Herzen, wo Dein Elternhaus steht.

Über das Dichten

Schon lange fröne ich der Dichtung,
Der Reihung Wort an Wort in Harmonie
Verleiht mir Halt und weist mir Richtung
Und gießt in Form die Phantasie.

Oft warst Du mir fast wie ein Vater
Und nahmst mich zärtlich an der Hand.
Du teiltest mit mir Freud' und Trauer
Und schütztest mich wie eine Wand.

Was mir oft half, es war nur mir beschieden,
Doch sollt' ich Teil des Ganzen sein,
So soll's nicht mir allein nur dienen,
Dann möcht' ich Trost für andre sein.

Schmerz der Liebe

Ich liebe Dich

Meinen Pflichten bin ich längst entrückt,
Mein Geist, er weilt nur noch bei Dir.
So sehr bin ich von Dir entzückt,
Und wünsche Dich ganz nah bei mir.

Doch kannst Du mein Gefühl nicht teilen,
Das in mir lebt nur noch für Dich.
Willst deshalb meine Wege meiden.
Es tut so weh, ich liebe Dich.

Enttäuschung

Enttäuschung in meinem Herzen
Erfüllt meine Seele mit Schmerzen,
Seh'n ich mich doch so sehr nach Dir.
Ich darf's mir nicht erlauben,
Doch muss ich daran glauben,
Wie sehr es mich hinzieht zu Dir.

Oft seh' ich Dich nur für kurze Zeit,
Bist mir dann so nah – und doch so weit.
Und es verletzt mich gar schwer,
es stockt mir der Atem, wild schlägt mein Herz,
Glaube mir – es ist kein Scherz.
Du bist es, die ich liebe so sehr.

Dann bist Du gegangen, hinweg von mir.
Zu kurz die Zeit, die ich war bei Dir.
Mit Gedanken an Dich bleib ich allein.
Und wieder erwart' ich den nächsten Tag
Und suche Dein Antlitz, das ich so mag.
Habe Angst vor Deinem endgültigen Nein.

Abschied

Du gehst hinweg aus meinem Leben,
Ich sehe Dir noch traurig nach.
Konntest leider mir nicht geben,
Wovon mein Herz zu Dir oft sprach.

Weil ich Dich lieb' wünsch' ich Dir sehr,
Dass der, den Du einmal wirst lieben
Dich so verehrt wie ich – und mehr,
Geliebt seist Du – Dein ganzes Leben

Schwarzes Gold

Ich kannte Dich schon lang zuvor
Doch kreuzten sich unsre Wege nicht,
Und eines Tages kam mir vor,
Als ströme aus dem Dunkel Licht.

Ich sah Dich an – verklärte Augen,
Mein Herz, das schlug so wild nach Dir.
Gefühle, die meinen Verstand aufsaugen
Brennen wie Feuer tief in mir.

Mein Atem stockt, wenn ich Dich sehe,
Du, mein schwarzes Gold aus dem Revier.
Gedanken foltern meine Seele,
Gibt es doch keinen Weg zu Dir.

So werd' ich Dich wohl jetzt verlieren,
Dies ist mein Schicksal – irgendwie.
Doch trotz der Liebe, die mir nicht beschieden,
Vergessen wird ich Dich wohl nie.

Begegnung

Ward wieder Nacht – im Ohr noch all die schönen Lieder
Die wir lauschten mit Bedacht.
Und einmal mehr und immer wieder
Hab ich dabei an Dich gedacht.

Ganz kurz war die Begegnung nur,
Im Buch des Lebens kaum erwähnt.
Wo magst Du gehen auf Deiner Lebensspur,
Wohl kaum noch auf ein Wiederseh'n.

Verlorene Liebe

Du tratest einst sanft in mein Leben,
Mir ist Dein Lächeln noch gewahr.
Bald fühlte ich, Du kannst mir geben,
Was meiner Sehnsucht kam so nah.

Deine Stimme ich so zart vernehme,
Anmutig wirkt auf mich Dein Charme.
Und wie ein Streicheln meiner Seele
Berühren Gefühle mich ganz warm.

So seh' ich Dich voll Freude an,
Doch zugegeben sticht ein Schmerz,
Den ich mir kaum erklären kann,
So manches Mal tief in mein Herz.

Denn bald schon bist Du fern von mir,
Ich weiss, Du wirst mir so sehr fehlen,
Und kann ich schon nicht sein bei Dir,
So würd ich Dich gern wiedersehen.

Ich wünsch Dir noch, Dein Glück zu finden,
Denn glücklich nur will ich Dich seh'n.
Ganz distanziert Dir Freundschaft schenken,
Vergiss mit nicht – es tät mir weh.

Dunkle Zeiten

Bittere Kindheit

Am Rande Du standst, keiner spielte mit Dir.
Du wolltest dabei sein, doch keiner schrie: Hier!
Sooft warst Du Willens, hast alles versucht:
Gelitten, geweint, sie alle verflucht!

So gingen die Jahre, oft warst Du allein,
Nur Deine Tiere, sie lindern die Pein.
Was machte ich falsch, hast Du Dich gefragt,
Man wollte Dich nicht, warum - hat man Dir nie gesagt.

Dein Schrei nach Liebe hat Dir nichts genutzt,
kam einer zu Dir, hat er Dich nur benutzt.
Du hättest so gerne manch Opfer gebracht,
Doch insgeheim wurdest Du nur verlacht.

Einsamkeit

Wenn die Blätter vom Baume verwelken
Und Schnee schon auf der Seele liegt,
Willst Freude im Kalender nicht mehr vermerken,
Weil der Quell schon so lange versiegt.

Du rennst von dannen – von Ziel zu Ziel,
Dein Blut kocht in Deinen Adern.
Die rastlose Hast wird dir alsbald zuviel,
Es ist Zeit, mit dem Schicksal zu hadern.

Schrei Deiner Seele – im Nichts verhallt,
Keine Hand ist zum Schutze bereit.
Ohne Ausweg – welch ein Schicksal – geballt
Führt Dein Weg ins Dunkel der Einsamkeit.

Angst

Angst vor dem Leben
Kein Sonnenstrahl kann Freude mir geben.
Stumm und allein im finsteren Tal
Hab ich von Mal zu Mal
So Angst vor dem Leben.

Angst vor dem Sterben
Möcht Euch zumindest meine Liebe vererben.
Seh' letztmals noch in meiner Liebsten Gesicht
Bevor endgültig erlischt mein irdisches Licht.
Hab so Angst vor dem Sterben.

Angst vor dem Tod
Gang ins Dunkel in letzter Not.
Hoffe am Ende erstrahlt doch ein Licht,
Das vielleicht erstrahlt auch für mich.
Hab so Angst vor dem Tod.

Trauer

Von weiter Ferne erblicke ich Dich,
Deine lieblichen Worte so fern.
Zärtliche Blicke – sie treffen nicht mich,
Für mich - da leuchtet kein Stern.

Ein Rinnsal auf meinen Wangen
Voller Tränen - gefrierend zu Eis.
Verzweiflung, sie hält mich gefangen.
Wieder schließt sich der höllische Kreis.

Ein letzter Versuch, zum Scheitern geboren,
Hoffte ich doch auf ein tröstendes Wort.
Ein letzter Schmerz, und wieder verloren.
Verlasse ich sterbend den finsteren Ort.

Selbstmord

Dunkles Zimmer – dunkle Seele,
Den Sinn des Lebens ich verfehle.
Trauernd auf die Zukunft hoffe,
Kalte Wand um die Gefühle,
Den Hauch des Todes ich nun spüre,
Mir nur ein Wort von Dir erhoffe.

Doch es ist still – nur kalte Nacht,
Seht wie des Teufels Fratze lacht,
Und ich habe es vollbracht.
Des Todes Schrei zerreißt die Stille,
Wohl war es mein eig'ner Wille,
Heut' Nacht hab' ich mich umgebracht.

Pochendes Herz

Pochendes Herz – vertreibst die Seelenruhe
Und treibst mir Schweißes Perlen auf die Stirn.
Ich steck die letzten Briefe in die Truhe
Und marter' nochmals mein Gehirn.

Ein letzter Blick auf alles was ich liebe,
Und letzte Tränen ohne Scham.
Wenn doch Erinnerung an mich noch bliebe,
So nehm' ich Abschied ohne Gram.

Die Finger zittern sich zum Knopfe,
Der Aufzug bringt mich nun empor.
Die letzten Spuren hier im holpernden Geklopfe,
Wo ich dem Zurück abschwor.

Ich seh' die Stadt, die Sonne gibt Ihr Segen,
Kleine Menschen mühen sich um karges Geld.
Es fängt in mir nun an zu regnen,
Ich flieg auf dich und nehme Abschied nun von dieser
Welt.

Zuversicht

Trost

Noch ranken Rosen um Dein Herz,
Spürst warm noch Deines Liebsten Hände.
Doch mischt sich drein schon erster Schmerz,
Es bilden sich manch kalte Wände.

Und dunkle Wolken ziehen auf,
Deine Tage werden grauer.
Nichts zieht Dich aus dem Tal heraus,
Es umhüllt Dich tiefe Trauer.

Doch eines sollst Du immer wissen,
Eines sei Dir stets gewahr.
Will Deine Tränen Dir von Deinen Wangen küssen,
Bis Deine Augen wieder strahlen hell und klar.

Zuversicht

Manch graue Tage – kalt und trübe,
Ein Leben im Novemberlicht
Machen selbst den Gaukler müde,
Als ziehe Gott ihn vor Gericht.

All Deine Pein – das große Leid
Ward in Dir selbst geboren.
So schöpfe Kraft, erkenn die Wahrheit
Und gib Dich selbst niemals verloren.

Am Ende eines jeden Weges
Scheint für jeden doch ein Licht.
Warst Du verzagt, hast aufgegeben
Siegt letztlich doch die Zuversicht.

Neuzeit

New Economy

Als Haupt des Lebens sich begreifend
Und doch nur Teil desselben ist.
Zum ewig Gült'gem sich ereifernd
Wo doch nur Einfalt Hofe hält.
Wo ist der Mensch in dieser Welt!

So ist die Welt der Aktienkurse,
Wo Phantasie als Banner zählt.
Der Zinssatz wird zum Lebensspender
Und durch die Adern rinnt das Geld.
Wo bleibt der Mensch in dieser Welt?

Moderne Zeiten

Grau in Grau – es schwellen die Wolken
Bedrohlich zu finsterer Gestalt.
Man spürt schon den Druck der Gewalten,
Und Stürme peitschen den Wald.

Es strahlt kein Licht mehr aus Menschen,
Die Kerzen, sie lodern nur schwach.
Die Menschlichkeit erfährt ihre Grenzen,
Und Gefühle, bald liegen sie brach.

Ein Lächeln harrt seiner Entstehung
Und gefriert ganz langsam zu Eis.
Man vermeidet jede Begegnung
Und ergibt sich der Gleichgültigkeit.

Natur

Im Wald

Seltsam wie Du mich berührst,
In Dir fühl ich mich geborgen.
Du hast mich zur Ruhe verführt,
Vertreibst ganz sacht meine Sorgen.

Und seh' ich empor ins Reich Deiner Kronen,
Wo verschiedenes Grün an den Blättern sich bricht.
Dort oben erblick ich ein Eichhörnchen thronen,
Das mich heranlässt - beinahe auf Sicht.

Hier kann ich atmen, hier kann ich sein,
Wo Tannenduft meine Sinne betört.
Keine Menschenseele – und doch nicht allein,
Aus der Ferne der Ruf eines Kuckucks ertönt.

So gehe ich weiter, weit in Dich hinein,
Erfrische mich an Deinem Bache.
Im tiefen Dunkel fühl ich mich daheim,
Wo die Sterne über mich wachen.

Jahreszeiten

Es zeigt sich die Sonne mit neugewonnener Kraft,
Sie bezwingt das Eis, die Kälte erschlafft.
Die erste Blüte sich zum Leben erhebt:
Im Frühling die Erde den Aufbruch anstrebt

Wenn der längere Tag buntes Treiben besiegelt,
Gleißendes Licht am Asphalt sich spiegelt,
bringt Hitze die Freude in all unser Leben:
Der Sommer lässt die Erde nun beben.

Und ermüden bei Zeit dann die Lebensgeister,
Findet das Treiben dann doch seinen Meister.
Manche Traube wird Wein, um nicht zu verderben:
Im Herbst die Blätter sich kunterbunt färben.

Kalt legt sich der Frost auf all die brachen Felder.
Schneebedeckt sind jetzt die Fluren und die Wälder.
Rauch aus den Kaminen nun einsam aufsteigt:
Im Winter die Welt - sie schläft und sie schweigt.

Literarische Brosamen

Lied an Hermann Hesse

Er ging dahin ins weite Land
Und wagte keinen Blick zurück.
Letztmals hielt er nun ihre Hand
Dann ging nur vorwärts noch sein Blick.

Er suchte nach dem Sinn des Lebens
Und ging den Weg der Einsamkeit.
Fand er das Ziel seines Erstrebens,
Wohl immer sein Geheimnis bleibt.

Wohl sinnend, über wie er strebte
Zu seines Lebens höchstem Sinn.
Ober er ihn jemals wohl erlebte?
Zweifelnd denke ich an ihn.

Der Steppenwolf

Wieder sehe ich Tränen aus Deinen Augen quillen,
Wie Du dich opferst um meiner Freiheit Willen.
Doch unsere Wege sich nun scheiden,
Mögest große Qualen Du nicht erleiden.

Schön war die Zeit mit Dir, oh Holde.
Doch jetzt muss ich gehen, selbst wenn ich nicht wollte.
Denn zurück in die Wildnis, dies ist mein Begehr,
Und trotzdem liebe ich dich sehr.

Aber es steckt etwas in mir, das Antwort will finden,
An Berge, Wälder, Seen, und Flüsse mich binden,
Vom Pokal der Einsamkeit mich betrinken,
Doch in Träumen so gerne in deine Arme sinken.

Doch werden wir uns je wiedersehen?
Nein – der Wille ist geschehen!
Das Schicksal entzweit unser Leben,
So lange vereint – uns doch nicht gegeben

Und wieder quillen Tränen aus meinen Augen,
manchen Schlaf wird Dein Bild mir nun rauben.
Meine Gedanken bei Dir, meine Seele gestresst,
Hoff' dass die Wildnis mich eines Tages entlässt.

Das Herz aller Dinge (in memoriam Graham Greene)

Neulich tratst Du in mein Leben,
Du süßer Quell des Daseins.
Konntest zart mein Herz erheben,
Ich gedenk noch immer Dein.
So gleich verlief mein Lauf des Lebens,
Doch dann kamst du wie ein Orkan.
Ich musste mich nach Dir verzehren,
Wie brannte dieser schöne Wahn.

Wie sehn' ich mich nach Deiner Süße,
Vor Schmerz dabei zugrunde geh'.
Darf nicht kosten Deines Körpers Früchte,
Wenn ich es bei Vernunft beseh'.
Denk ich an uns, so bringt's nur Pein,
Denn alles Streben ist verboten.
DIe Liebsten sind doch schon daheim,
Denen Treue wir gelobten.

Drum soll es bleiben wie es war,
Kann Schuld und Sünd' nicht mehr verstehen.
Trotz Treueschwüre, die wir brachten dar,
Wenn uns die Liebe gottgegeben.
Doch so wie ich die Eine liebe
Bist mir auch Du ein Meilenstein,
Verleihst doch meiner Seele Flügel,
So dass ich manchmal um Dich wein'.

Für Franz Kafka

Nimm hinweg den dunklen Schleier und trag Dein helles Sonnenkleid,
Gibt Dich hin dem Licht der Liebe, halte Dich dafür bereit.

Die Macht des Herrn, sie wird Dich ziehen aus Deinem kalten Tränental,
Drum lass Dich führen Schritt für Schritt, vertrau ihr mehr von Mal zu Mal.

Geh Deinen Weg und bleib nicht liegen,
Was Dir bestimmt, das sollst Du kriegen.
Wähnst Du Dich manchmal auch allein,
Wird Gott an Deiner Seite sein.

Er wird Dich tragen durch die Wälder,
Über Wiesen, brache Felder,
Bis Du zu Deinen Liebsten gehst,
Aus Deinem Mühsal auferstehst.

Assoziationen

Es ging wieder los

Es geht wieder los,
Der Kampf um mein Leben,
Es geht wieder los,
Ich fühl mich wieder allein,
Es geht wieder los,
Es scheint all mein Streben,
Es geht wieder los,
Am Ende sinnlos zu sein.

Es ging wieder los,
Ich hab den Kampf angenommen,
Es ging wieder los,
Stand mit dem Rücken zur Wand,
Es ging wieder los,
Hab mich auf Dein Licht besonnen,
Es ging wieder los,
Bis ich den Weg zu mir fand.

Ohne Titel

Schon fliegen die Vögel gen Süden zu,
Der Wald begibt sich zur Ruh'.
Wer bleibt sind nur ich und Du.
Bald schon fällt Schnee,
Kein Glied tut mehr weh.
Und wenn ich's recht beseh',
So wird mir wie jedes Jahr,
Deine Einsamkeit wieder gewahr.
Eine Träne rinnt einzig und klar.
Menschen entfliehen in warme Stuben,
Ein kalter Blick der Mädchen und Buben,
Bis sie in die Häuser gerufen.

Verwandlung

Schon schneit es – die weißen Flocken
Bedecken die Gräber – die Kinder in warmen Socken,
Und es wird kalt.

Ummanteln Vergangenes mit stummem Vergessen
Was einst von Leben besessen,
Noch rauscht es im Wald

Es verblassen Gesichter, verdunkeln Gedanken
Bewusstsein bröckelt, Legenden beginnen zu ranken.
Was neu war wird alt,
Es ist dunkel im Wald,
Mir wird kalt.

Auferstehung

Der Winter hüllt sich in Schweigen,
Kein Sonnenstrahl an diesem Tag.
Die Schneeflocken tanzen und treiben,
Bedecken das frisch errichtete Grab.

Leben – ich hab Dich besessen,
Du warst mit gebenedeit.
Nun ummantelt mich das Vergessen
Über bereits vergangene Zeit.

Noch einmal fühl ich Dein Wesen,
Spür Leidenschaft, Liebe und Glut.
Wünscht ich würd' heut noch genesen,
Schöpfe Kraft und Freue und Mut.

Am Ende

Nachtgedanken

Komm schwarze Nacht, verhüll' die Welt,
Verteile Deine Sterne am weiten Himmelszelt.
Lass Deinen Mond erscheinen, setz ihn als Wachmann ein,
Und lass die Menschheit schlafen in seinem blassen Schein.

Sei Obdach für den Einen, der keine Zuflucht fand,
Such auch im ein warmes Plätzchen und reich' ihm Deine Hand.
Auf das er nächstens wisse, was er noch müsse tun,
gib uns Deinen Frieden und lass die Waffen ruh'n.

Gebet

Alles wollen wir berechnen,
Zählen, wiegen – und letztendlich dran zerbrechen.
Wir maßen uns Erkenntnis an,
Was nur ein Wort von Dir getan.

All unser Wissen, unser Streben
Bleibt von vornherein vergeben,
Behüten wir das Wahre nicht,
Das durch die Liebe zu uns spricht.

Du offenbarst Dich meist im Kleinen,
Man sieht Dich mit dem Herz, dem reinen.
Wenn man vor einer Blume rastet,
Nicht wenn man durch den Tag nur hastet.

Drum such' ich Dich auf meinen Wegen,
Im Flug der Hummeln, in Freudestränen.
Im hör' Dich gern im Kinderlachen,
Beim Spielen, Toben, Späße machen.

Oh Herr, lass mich daran genesen,
Die Zeit ist doch so knapp bemessen.
Der Vater stirbt, das Kind erblüht zu neuem Leben.
Lass mich dereinst in Deine Arme schweben.